Scénario **Dessin**

Patrice Guillon & Louis Alloing

DANS LA SECTE

Préface

Dans la secte raconte l'histoire vraie d'une jeune femme en perte de repères. Dans sa détresse, elle croise des individus qui semblent la comprendre et l'aider, mais progressivement, le piège se referme sur elle. Son histoire est celle de milliers de victimes, qui ont été ou sont encore sous l'emprise d'un groupe sectaire.

Ce phénomène préoccupe les pouvoirs publics depuis les années 1980. Progressivement, l'État adopte une approche pragmatique de la question : aucun jugement n'est porté sur les croyances, les pouvoirs publics n'interviennent qu'en cas d'atteintes à l'ordre public, et notamment à la dignité humaine. C'est dans cette optique qu'est créée la Mission interministérielle de lutte contre les sectes (MILS), qui deviendra la Mission interministérielle de vigilance et de lutte contre les dérives sectaires (MIVILUDES).

Depuis les premiers travaux parlementaires sur la question, « l'offre sectaire » a évolué. Si les grands groupes religieux organisés et structurés existent toujours, se développe à leurs côtés une nébuleuse de groupuscules et individus isolés. Ces derniers agissent essentiellement via internet et les réseaux sociaux, touchant de plus en plus de personnes vulnérables, leurs fragilités ayant été bien souvent exacerbées par la pandémie que nous venons de traverser.

Pour éviter que l'histoire ne se répète, sensibilisation et prévention jouent un rôle important. C'est d'ailleurs l'une des missions de la MIVILUDES : informer le public. En soutenant la nouvelle édition de cette bande dessinée dans le cadre d'un appel à projets national, la Mission interministérielle veut donner les clés au public pour mieux comprendre le phénomène de sujétion psychologique. La mise en images des différentes étapes du processus d'emprise mentale permet aux adultes, jeunes adultes et adolescents de mieux comprendre comment une personne peut progressivement rejoindre un groupe, se couper de ses proches et devenir une victime de dérives sectaires.

**La Mission interministérielle de vigilance
et de lutte contre les dérives sectaires.
MIVILUDES**

Une BD créée avec le soutien précieux de J.-P. Jougla
pour le compte de l'UNADFI.

La Boîte à Bulles
93, avenue Henri Adam 37550 Saint-Avertin

Éditeur : Vincent Henry
Conception graphique : Vincent Rioult
Typographie créée Pascal Gindre
Dépôt légal : décembre 2021
Isbn : 978-2-84953-423-6

Seconde impression de la présente édition

Achevé d'imprimer en février 2023
par les imprimeries Zapolex (Pologne).

www.la-boite-a-bulles.com
contact@la-boite-a-bulles.com

HELSYNGØR 23.40
HAMBURG 23.58 5
AARHUS 00.10 3
Paris? How much do you have?
Sorry. Il vous manque 45 couronnes.
De toute façon, le train part dans une minute.
Z

?!!
TRiiiii
La porte... Elle...pff va...pff...pff se refermer !
3

?!!!
Are you O.K., baby ?
May I help you ?
O.K., no problem, baby !
Ce compartiment vide fera l'affaire !

Je reviens...
Depuis combien de temps ne s'est-on pas occupé de moi ainsi ?
Depuis... Frank.
Je l'avais oublié, celui-là !
Le roi de la nuit...
On n'était pas très clairs, à l'époque !
pas clairs...

C'est à la fête d'Eddy que ça a commencé à foirer... Je sortais avec Frank depuis 8 mois. Un gentil garçon complètement déjanté. C'est lui qui m'a initiée au L.S.D.
Yahouu!
TAXI
Vas-y mollo avec la bibine... Ça fait pas bon ménage avec l'acide.
BEER
Pour l'instant, je ne sens rien. Ça met longtemps, avant de faire de l'effet ?
Pas avant qu'on arrive à la fête. Vaudrait mieux, d'ailleurs !
Ce que Frank n'avait pas prévu, c'est cet embouteillage monstre qui nous a retardés plus d'une heure...
Vroum!
Tuuuut!
Biiiip!
Tuuuuut!
Biiiip!

Tuu!
Biii
ça y est, je PLAAAANE !
Dis-donc, c'est fort, ce truc !
Si tu vois ce que je vois, cette rue est trop étroite... on passe pas.
Tu crois ?
Fallait qu'on soit complètement tarés pour prendre de l'acide en conduisant. Ce cher Frank n'avait pas vraiment assuré, sur ce coup-là !
Meeerde, on est coincés !
TUUT! TUT !
BIIIP !
Mais qu'est-ce qu'y fout ?
Vous pouvez reculer, s'il vous plaît ? On peut pas passer.
Comment ça, vous n'pouvez pas passer ! C'est quoi, c't'embrouille ?
TUUUT! BIIIP !

Heureusement, ce conducteur était du genre pacifique. Il ne nous a pas insultés, il n'a pas menacé d'appeler les flics ou de frapper Frank avec son démonte-pneu. Il a juste pensé qu'on était un peu frappadingues.
?!?
Tyut!
Allez-y franchement...
Mais puisque j'vous dis que ça passe !
Tyut!
Biiip!
Tyut !!
On est passés !
YA-HOUUU !
Comment a-t-on fait pour arriver à cette fête sans provoquer d'accident ? Ça, je ne m'en souviens plus, tant j'ai plané durant tout le trajet. On était encore bien raides quand on a débarqué chez Eddy.
Surtout, bois pas d'alcool !

YO, LES AMIS! Alors, ça roucoule toujours?
BOOM BOOM
Ouais, super! Et toi, comment ça va... lise en carton.
HA-HA-HA-HA!
Holà... Je vois que vous tenez la forme, tous les deux !
BOOM BOOM BOO
Un peu de champagne, Marion ?
C'était bon, après le stress d'une journée de travail, de retrouver la bande d'allumés, tendance intello-artistique, que Frank m'avait fait connaître. C'était rassurant, ce sentiment d'appartenir à un groupe.
Non merci, Fred ! pas d'alcool... Ce soir, je suis très raisonnable, je ne fume que des pétards !
Ils étaient tous là: la lionne flamboyante, le petit gros rigolo qui chope tout ce qui passe, l'hystéro, le philosophe mystique, le vieux crocodile et la timide gazelle...

Nous mettions beaucoup d'énergie à nous déglinguer jusqu'au bout de la nuit.
Faut dire qu'à l'agence, on avait une sacrée pression et que ça bossait dur.
J'avais vraiment besoin d'oublier tout ce stress.
Tu ne sais pas où est Frank ? Ça fait bien une heure que je ne l'ai pas vu.
Non, sniiiirfff... mais il doit pas être sniiirfff... bien loin !
Évidemment, il était parti à la chasse à la gazelle...
Je savais bien que je n'aurais pas dû, mais je n'ai pas pu m'empêcher d'intervenir...
Allô ?

BOUM
BOUM
A-OUUU !!
POC
OU-YOU YOUILLE !
Excuse-moi, Marion. Fais voir... T'as mal ?
Bien sûr j'ai mal, connard ! Qu'est-ce que tu crois !?
NE ME TOUCHE PAS !
Mais quelle idée aussi de me taper dessus comme ça... Sous acide, je suis hyper-sensible !
Je t'ai pas tapé, espèce de crétin !
Mais je l'ai pas fait exprès, enfin !
Je vais avoir un œil au beurre noir pendant au moins une semaine.
Encore une fois, excuse-moi, Marion.
De toute façon, ma soirée est foutue ! J'me casse... ALLEZ, CIAO !
Attends, je te raccompa...
BLAM !

Le temps de trouver un tacot, je suis rentrée chez moi au petit matin.
Comme d'habitude, il était trop tard pour se coucher et un peu tôt pour partir au boulot.
Une bonne douche, 2 pilules de Guronzan et c'était reparti pour la journée.
Mon Dieu, comment il m'a arrangée !
Je dirai que j'ai attrapé une conjonc-tivite.
Mais... ?!?

Par moments, je suis grave, moi !
Impossible de mettre la main sur mes chaussures. J'étais pourtant sûre de les avoir en arrivant.
Ces pompes sont pourtant bien quelque part...
Effectivement !
Cela faisait presque 5 ans que je prenais ce métro 5 jours par semaine, réfléchissant à l'organisation de ma journée ou cherchant l'idée lumineuse qui me consacrerait star de la pub.
Walker & Johnson
PUBLICITÉ
13

Tiens, salut, Marion !
Bonjour, Mylène, tu vas bien ?
Je suis passée au studio, ils ont reçu tes tirages.
C'est un nouveau look, les lunettes de soleil ?
Non ! Conjonctivite...
EXPRESSO
Ils sont pas un peu denses, ces tirages ?
Le problème, avec vous autres directeurs artistiques, c'est que vous ne pouvez pas vous empêcher de vous la péter. Comment peux-tu juger, avec tes lunettes noires ?
Dans ce genre de métier on peut faire illusion un moment, mais on n'a pas le droit à l'erreur.
J'en étais arrivée à un stade où j'aurais mieux fait de retourner apprendre, plutôt qu'en vain m'efforcer de masquer mes lacunes.
Et pour ton photomontage, tu veux une retouche d'ekta ou un dye-transfert ?
Heu... une retouche d'ekta, bien sûr !
14

Il faut dire que le patron m'avait à la bonne et que j'avais grimpé les échelons un peu vite.
colle
Changez d'ère!
Évidemment, Régis n'est pas encore arrivé ?
Ben, comme tu vois...
Il ne fallait pas espérer voir émerger mon concepteur-rédacteur avant 11 heures du mat'.
Bonjour, Marion... Oh, lunettes noires !? Un nouveau look?
Salut, Régis... Non, conjonctivite.
J'ai terminé les maquettes des affiches.
Ça n'a pas l'air mal, dis donc!
Régis était trop professionnel pour me critiquer ouvertement sans raison valable mais, en douce, il me cassait du sucre sur le dos...
Je savais qu'il intriguait pour me faire remplacer par une de ses copines. Bonjour, l'ambiance !
Les commerciaux vous attendent pour vous "briefer".

Le contrôleur arrive! T'as ton billet, baby ?
J'en ai pas, de billet. Faut que je me planque !
J'ai une idée! Viens avec moi...
Cache-toi derrière la porte et laisse-la un peu ouverte. Comme ça, le contrôleur pensera qu'il n'y a personne. Je reste à côté.
16
Ça me rappelle l'agence... J'étais si stressée que je me réfugiais dans les toilettes pour y retrouver le calme.

Quand ils me tombaient tous dessus, c'était le seul endroit où je pouvais encore réfléchir un peu.
Je n'étais pas la seule à y rester des heures avec la peur au ventre et les mains moites.
Salut, ça va ?
Ouais, super...
J'ai une idée d'enfer pour le film sur les raviolis... Tiens, regarde !
Non seulement son idée n'était pas terrible, mais en plus je devais faire semblant de trouver ça bien, sinon il m'aurait incendiée.
Ah ouais, c'est sympa...
À propos, Frank a appelé. Si j'ai bien compris, il se décommande pour ce soir.
Quoi ?!!

Écoute, Frank, tu peux pas me faire ça... Ça fait des semaines que j'attends cette fête !
T'as qu'à y aller toute seule, moi, j'ai trop de boulot.
Mais c'est TOI qui connais ces gens. Je n'peux pas y aller sans toi !
Désolé, Marion. Je ne peux pas faire autrement.
'tain, t'es vraiment pas cool, hein...
De toute façon, faut qu'on parle... On se retrouve demain soir à la pizzeria ?
ENFOIRÉ !
clac !
Ce n'était pas la peine de me faire un dessin. Il était clair que notre relation se délitait depuis notre dispute à la fête d'Eddy... et Frank n'était pas l'homme des demi-mesures. Il a proposé qu'on reste amis.
18
Encore une histoire d'amour qui foirait...
Mais qu'est-ce qui ne va pas chez moi, avec les mecs ?

J'avais perdu tous mes repères, affectifs et professionnels.
Comment éviter d'être utilisée, manipulée, meurtrie par les autres? Comment ne pas se tromper sur la valeur des gens ?
12
Dziii!
Allô, Marion, c'est maman... Est-ce que ça te dirait de venir déjeuner dimanche? Rappelle-moi, ça fait une éternité qu'on s'est pas vues. Je t'embrasse, ma chérie.
19
Après la mort de mon père –10 ans déjà!–, ma mère ne s'était pas remariée. Elle était bien trop fragile pour pouvoir m'aider.
Allô, maman, c'est moi... Ouais, ça va... Bon, c'est d'accord pour dimanche...

Come on, baby ! It's O.K.
On devrait être tranquilles jusqu'à Hambourg...
Fait pas chaud, hein ?
C'est pas une raison pour se laisser abattre !
WHISKY
WHISKY

C'est comme un ange qui m'est tombé du ciel...
Un peu comme la réapparition de mon "ex", Raphaël, après ma rupture avec Frank. C'est lui qui m'a branchée sur la Scientologie.
Raphaël... Un adepte pur et dur. Alors que s'émiettait mon âme, il n'a pas eu de mal à m'emmener à une réunion d'information. Juste pour voir...
En fait, c'est quoi ? Une religion ?
Une philosophie religieuse, plus exactement. Qui s'appuie sur des techniques de connaissance de soi...
Des techniques SCIENTIFIQUES éprouvées depuis une cinquantaine d'années, pour développer le mental des gens. Le but est d'améliorer le rapport aux autres, d'avoir une vie plus intéressante, d'œuvrer pour un monde meilleur.
Et ça marche ?
Eh bien, tu jugeras par toi-même...

Concrètement, ça t'a apporté quoi ?
Est-ce que j'ai pas l'air en pleine forme ? Quand on s'est connus, j'étais plutôt dépressif, non ? Et puis j'ai découvert qu'il pouvait y avoir une autre façon de penser.
Et tu te souviens de mes maux de tête à répétition ? Eh bien, depuis 6 mois, pfuit... envolés !
Tu penses que c'est lié ?
Pour moi, c'est clair, ça marche ! Sinon pourquoi aurions-nous autant d'adeptes dans le monde entier ?
Cette philosophie va au-delà des croyances politiques et religieuses.
Besame mucho
Est-ce que tu crois à la réincarnation ?
Je ne sais pas... Mais pour moi, la vie n'a pas de sens s'il n'y a pas quelque chose après.
C'est ça ! À la mort l'âme quitte le corps. Après avoir perdu tout souvenir, elle revient sur terre pour se réincarner dans un nouveau corps de la même race.
De la même race ? Tes scientologues auraient-ils trop peur de se retrouver dans la peau d'un de ces Africains qu'ils ont laissés mourir de faim dans une vie antérieure ?

Ce n'est pas du racisme. Demande à un Indonésien s'il ne préfère pas être réincarné en Asiatique, plutôt qu'en Irlandais ou en Chilien.
Mais c'est intéressant ce que tu dis... Car pour nous, il est évident qu'un homme qui se réincarne hérite d'un monde auquel il a contribué dans une vie précédente.
Ça pose la question de la responsabilité de chacun de nous envers les autres.
Tout à fait !
Tu vas voir, tu vas rencontrer des gens vraiment sympas. Ça te fera beaucoup de bien.
J'étais curieuse de découvrir un nouvel univers, un nouveau groupe.
Eglise de Scientologie.
C'est là...
Ils arboraient tous cette assurance tranquille, ce sourire bienveillant des initiés qui vous invitent à partager l'évidence de leurs certitudes.
Bonjour, Raphaël! T'as amené une amie pour la conférence...
Tu nous la présentes ?

Pendant plus d'une heure un conférencier nous a expliqué les principes de cette discipline ainsi que tout ce qu'elle apportait.
... trouver en soi l'origine des problèmes : pensées négatives, émotions douloureuses, perte d'identité, angoisses...
Pensées négatives ↓ Douleurs angoisses ↓ Perte de soi
Comme depuis 2 semaines Raphaël m'avait déjà expliqué certaines choses, une sorte de connivence me rapprochait du conférencier.
Tout ce qui empêche de se sentir bien dans sa peau, bien dans son rapport aux autres...
J'avais l'impression de faire déjà un peu partie du club.
Et pour terminer, je vais passer parmi vous.
Pas pour faire la quête, rassurez-vous...
Ha! Ha! Ha!
... mais pour vous remettre un questionnaire. C'est un test de personnalité. Certains d'entre vous le connaissent déjà...

Ça ne vous prendra qu'une dizaine de minutes. Je vous remercie d'y apporter le maximum de sérieux, c'est important.
TEST DE PERSONNALITÉ
GRATUIT
Ceux que ça intéresse pourront repartir avec le résultat de leur test. Bien entendu, c'est entièrement gratuit et ça ne vous engage à rien.
Soyez spontané, cochez la première réponse qui vous vient à l'esprit.
ligation
e savoir ?
Si vous voulez bien patienter quelques minutes, l'ordinateur va analyser vos réponses.

Alors, c'est grave, docteur ?
Il y a des indices intéressants qui éclairent votre personnalité.
Par exemple, vous avez répondu que vous êtes impulsive, que vous avez du mal à reconnaître vos torts, que des gens hostiles travaillent contre vous...
C'est vrai...
Vous avez des carences sérieuses au niveau affectif et sentimental, ainsi qu'un manque de confiance en vous sur le plan professionnel.
C'est un gros handicap dans votre développement personnel.
Mais rassurez-vous, on y remédie facilement.
Vous n'êtes pas en analyse ou en psychothérapie ? Ni en relation avec un psy ?
Non, pas du tout.
Cette question m'a étonnée, mais sur le moment je n'ai pas cherché plus loin.
Alors voilà ce que je vous propose : d'abord, un programme de purification et de remise en forme. Ensuite, je vous présenterai quelqu'un pour des séances d'audition. Raphaël vous en a déjà parlé, non ?
26

Oui, un peu... C'est pour libérer mon esprit des refoulements qui m'empêchent de m'épanouir.
Exactement. Cela va développer votre puissance sur vous-même et sur les autres.
Et voici les horaires et le tarif du programme de purification.
!? Ah, quand même !
Mais c'est rien en comparaison de ce que ça va vous rapporter !
8000 francs de l'époque (1220 euros) pour 15 jours de sauna, jogging et pilules fortifiantes, c'était quand même pas donné !
À cette époque, me lancer dans une nouvelle expérience ne me faisait pas peur. Bonne ou mauvaise, comment savoir si on n'essaye pas ? Ils étaient tous vachement sympas. J'ai foncé.
J'allais oublier... il faut un certificat médical. Allez donc voir ce médecin de notre part.
T'es contente ?
Ça m'excite vachement, ce truc. J'ai hâte de commencer.
J'ai appris plus tard que pour m'avoir amenée chez les scientologues, ce cher Raphaël avait bénéficié de prestations gratuites.

Pendant 2 semaines, tous les soirs après le boulot, je me suis tapée 30 minutes de jogging.
7 minutes pour faire le tour du quartier, on doit pouvoir faire mieux !
Pratique, ce sauna dans le sous-sol du centre !
Oui, je sens qu'on nettoie bien le corps de ses impuretés...
Prendre ma santé en main, fortifier mon corps avec beaucoup de vitamines, faire du sport...
En fait, m'occuper de moi, c'était déjà me sentir mieux dans ma tête.
RÔOOOOOOO

Puis on est passés aux choses sérieuses.
Tiens, bonjour, Marion ! T'as l'air d'avoir la pêche, hein ?
Bientôt prête pour les séances d'audition ?
DOUCHE
Je pète la forme. On commence quand ?
Eh bien, justement, je te présente Karine, notre meilleure auditrice ! Si tu veux, elle peut s'occuper de toi.
Bonjour, Marion! Tu veux qu'on prenne rendez-vous ?
Avec plaisir ! Un soir de la semaine prochaine, par exemple...
800 francs la séance (à peu près 120 euros). J'en avais réservé 10, payables d'avance.
L' électromètre, c'est une machine qui sert à mesurer l'intensité des émotions que je vais stimuler par des questions. Le but du jeu : te guider pour que tu découvres par toi-même les causes cachées de tes blocages.
DIAN
Avant de commencer, on va vérifier que la machine marche bien. Attention...
Voilà !
Maintenant, tu vas penser à ce pincement...

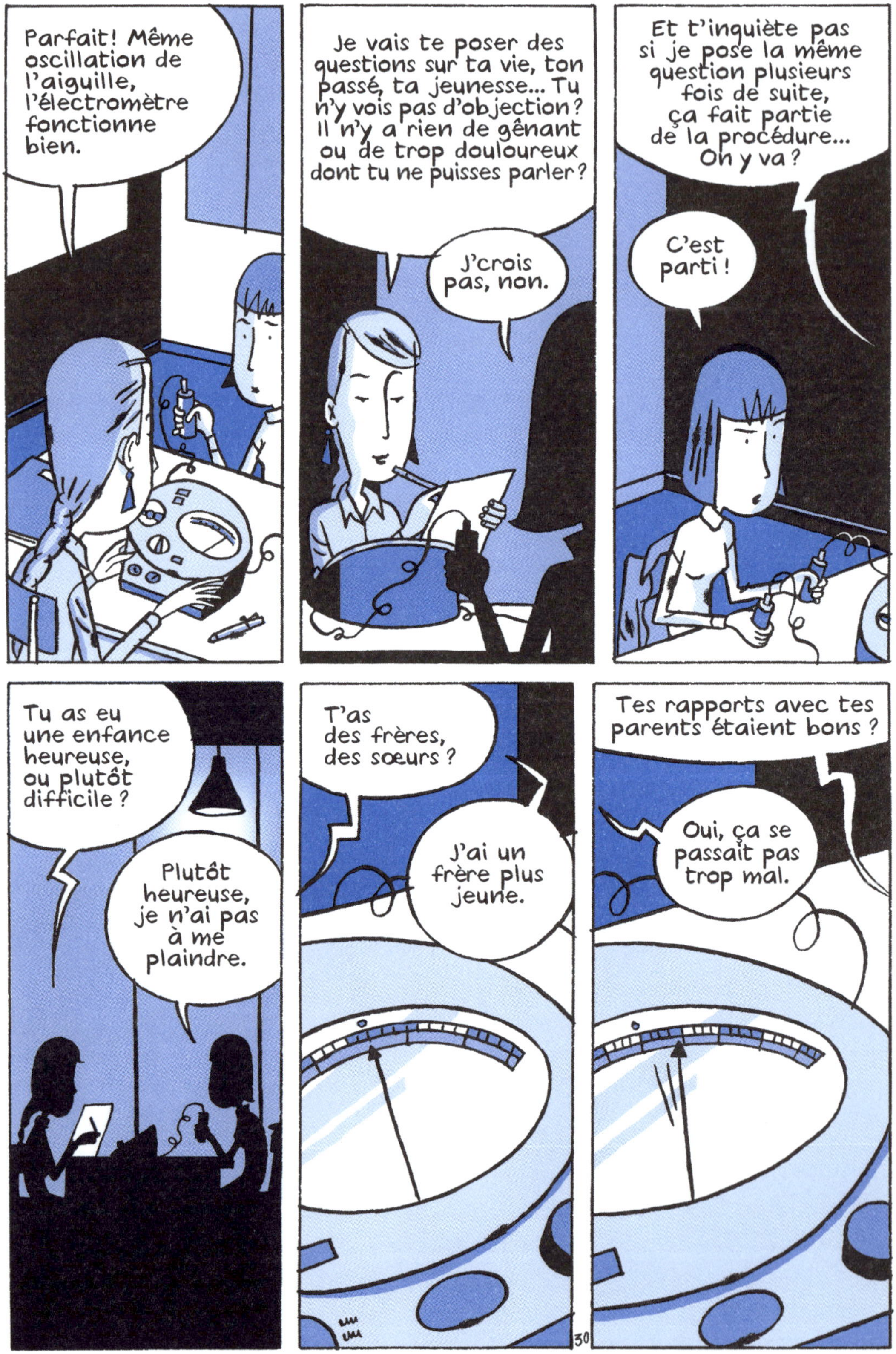
Parfait! Même oscillation de l'aiguille, l'électromètre fonctionne bien.
Je vais te poser des questions sur ta vie, ton passé, ta jeunesse... Tu n'y vois pas d'objection? Il n'y a rien de gênant ou de trop douloureux dont tu ne puisses parler?
J'crois pas, non.
Et t'inquiète pas si je pose la même question plusieurs fois de suite, ça fait partie de la procédure... On y va?
C'est parti!
Tu as eu une enfance heureuse, ou plutôt difficile?
Plutôt heureuse, je n'ai pas à me plaindre.
T'as des frères, des sœurs?
J'ai un frère plus jeune.
Tes rapports avec tes parents étaient bons?
Oui, ça se passait pas trop mal.

Avec ta mère, c'était comment ?
Je n'étais pas une enfant facile... Elle a eu un peu de mal avec moi.
Et avec ton père ?
Eh bien... Je crois qu'il m'aimait bien, on s'entendait bien ensemble.
C'était comment, avec ton père ?
Ben... il était gentil... Si je me souviens bien, il ne m'a jamais frappée.
Scritch Scritch Scritch
Comment c'était, avec ton père ?
C'était bien... J'avais de meilleurs rapports avec lui qu'avec ma mère...
L' électromètre envoie un signal fort quand on parle de ton père... Qu'est-ce qui se passe ?
Il est mort.
31
Finalement, ça m'a fait du bien de parler de la mort de mon père.
Et de parler d'autres choses aussi. Karine m'a posé un tas de questions sur ma vie, mon travail, l'art, la drogue – oui, il m'était arrivé de prendre du L.S.D. – ou mon rapport à l'argent.

Pour une fois, quelqu'un me prenait en considération. La sollicitude de Karine m'a procuré un réel sentiment de bien-être. À tel point qu'après une heure et demie d'audition, j'étais convaincue de l'efficacité de la méthode.
Je crois qu'on fait du bon travail, toutes les deux !
Oui, c'était passionnant... et instructif !
On continue la semaine prochaine ?
Mercredi ou jeudi, ça serait bien...
Pas lundi, j'ai déjà un cours à 19 heures.
Ce soir-là, j'ai eu du mal à m'endormir. J'avais le sentiment d'avoir mis le doigt sur quelque chose d'important, qui pouvait peut-être changer ma vie.
pas un ben
Évidemment, ma mère et mon frère étaient loin de partager mon enthousiasme...
Mon Dieu, ma fille est embrigadée dans une secte !
Mais non, maman !
Tu te rends pas compte que ces gens sont dangereux !
Le seul effet de leurs critiques était de me rendre un peu plus solidaire de ces gens que je trouvais injustement attaqués.
Ils avaient compris que rien ne m'empêcherait de suivre ma voie, et ça les désolait.

Hey, baby! Le train a embarqué sur le ferry. On sera bientôt en Allemagne.
Je vais prendre l'air. See you soon !
coffee
Want a coffee ?
Oh yes, please !
HA

Pendant que nous buvons nos cafés, il me raconte un peu sa vie. Il est américain et travaille sur les plates-formes offshore. Il part en congés rejoindre des amis en Allemagne.
Je n'ai pas envie de parler de moi. D'ailleurs, il ne me demande rien.
Dans mes relations avec Régis, la spiritualité ne m'était malheureusement pas d'un grand secours.
Comment ça, pas assez lisible ?!? Mais elle est très bien, cette typo !

Elles sont pas terribles, tes maquettes... Et j'suis pas sûr qu'on va gagner la prospection avec ce concept.
Mais c'est toi qui l'as trouvé... Tu fais chier, à la fin !
AR
Je m'en suis ouverte à Raphaël.
Ce salaud de Régis me fait sortir trop facilement de mes gonds.
Tu sais qu'il y a justement des cours pour apprendre à gérer ce genre de situation ?
EGLISE DES
J'ai suivi son conseil en pensant que ça m'aiderait dans mon boulot.
Le but de cette formation est de vous entraîner, en dominant votre ego, à résister aux agressions verbales et aux tentatives d'intimidation...
... pour vous affirmer dans votre rapport à l'autre ! Vous allez acquérir un tel pouvoir sur l'autre que vous pourrez le faire changer d'avis !
35
Et maintenant, passons à la pratique !
Non mais, t'as vu ton pif !
Ça sent les égouts, c'est ton eau de toilette ?
Tu crois que c'est malin, de prendre du L.S.D. ?
En gros, le néophyte paye lui-même l'apprentissage des réflexes conditionnels qui lui serviront ensuite à défendre la secte contre ses détracteurs. Fortiche, non ?

De séance d'audition en séance d'audition, Karine et moi sommes devenues amies.
Bon ! C'est fini pour aujourd'hui.
Allez, je t'invite à dîner !
Dis-moi, Karine... Comment ça se fait qu'on m'ait ressorti ce que je t'avais dit en audition sur le L.S.D. ? C'est pas confidentiel, ce que je te raconte ?
Église de Scientologie
Si... Et je réprouve cette pratique. Ce type n'aurait jamais dû avoir accès à ton dossier et encore moins l'utiliser dans un cours. Fais-moi confiance, ça ne se reproduira plus...
Alors, comment tu te sens, au bout de 5 mois parmi nous ?
J'ai une patate d'enfer... Quelle libération ! Tu as éclairé des zones de ma vie dont je n'avais même pas conscience...
Et je suis plus zen dans mon boulot, plus réceptive aussi.
Je suis sûre que ça va s'arranger avec ton rédacteur.
En fait, pas vraiment... d'autant moins que Régis et moi avons perdu plusieurs compétitions.
J'ai 2 nouvelles. Vous voulez d'abord la bonne ou la mauvaise ?

Vas-y pour la bonne...
Eh bien, l'agence a gagné le budget Chocoroi...
Malheureusement pour vous, c'est la création de Philippe et Michel qui a été retenue.
J'vous rends vos maquettes.
Vous en faites pas... l'important, c'est que l'agence ait gagné, non ?
Bien sûr...
Putain, on s'est bien fait baiser!
Comment ça ?
Je me suis renseigné auprès de Philippe, ils ont pas eu le même "brief" que nous !
Tu veux dire que la compét', c'était du pipeau?
Il m'a renvoyé un regard haineux. Peut-être pensait-il que c'était à cause de moi qu'on nous mettait sur des coups foireux...
Exactement. On nous a fait faire une création repoussoir pour mieux vendre la reco de l'agence.
DRIING!
Allô, Marion? C'est Jean-Guy... Tu peux passer me voir?
Quand le boss vous appelait dans son bureau, c'était rarement pour vous féliciter.

Bonjour, Jean-Guy, tu voulais me voir ?
Assieds-toi, Marion.
Bon... Entre Régis et toi, ça va plus du tout, hein ?
Pourtant je fais tout ce que je peux...
On a essayé de te caser dans une autre équipe... Mais personne n'a voulu de toi !
Alors on ne va pas pouvoir te garder.
Quand ça marchait bien, j'étais la plus belle... et maintenant qu' il y a un problème, je suis plus bonne à rien ?
38
Écoute... Avec cette histoire, Régis a tiré un gros chèque sur le compte de notre amitié. Mais le dircom des confitures Belle-Mamie ne veut travailler avec personne d'autre... Tu comprendras que je n'ai pas le choix.
Alors voilà: si tu vas aux prud'hommes, tu peux obtenir au maximum 6 mois de salaire, et pas avant 2 ou 3 ans...
Moi, je t'en propose 5 en plus de tes indemnités légales...

Ça n'aurait servi à rien de se battre. De toute façon, je ne supportais plus leurs tronches de cake.
Chercher du travail, c'était pour l'instant au-dessus de mes forces. Heureusement, avec mes indemnités je pouvais me permettre de souffler un peu.
Par contre, les quelques échelons que j'avais gravis dans ma formation spirituelle m'avaient coûté un bon paquet de fric. Je ne pouvais plus continuer sur le même rythme.
Karine m'avait suggéré de faire un emprunt pour continuer les auditions. Mais j'ai toujours préféré dépenser moins plutôt que m'endetter.
On m'a aussi proposé d'acheter l'électromètre pour m'auto-auditionner, mais je n'y croyais pas. En plus, d'après Karine, la machine était vendue au moins 10 fois son prix !
Je passais presque tous les jours chez les scientologues, un peu comme on se rend au club.
Depuis quelque temps, la mission bruissait de rumeurs sur l'arrivée imminente "des gens de Copenhague".
Salut, Marion !
Ça y est, ILS sont arrivés !

J'en connais quelques-uns, ce sont des super-mecs !
Votre attention, s'il vous plaît. Nous allons commencer...
Comme vous le savez peut-être, nous venons du centre européen de Copenhague pour rechercher des gens très motivés.
Mais d'abord, je me présente...
Le chef des "Copenhague" nous a expliqué qu'il désirait offrir aux meilleurs d'entre nous l'opportunité de compléter plus rapidement leur formation au Danemark.
On nous donnait la possibilité de devenir membres à part entière en signant un contrat de travail. Des "pros de la Sciento" en quelque sorte !
De plus, c'était entièrement gratuit, ce qui m'arrangeait bien. On serait même (un peu) payés.
Et si certains d'entre vous ont besoin de précisions, nous sommes à votre disposition...
Ils me sont tombés dessus et ils ne m'ont plus lâchée.
Bonjour, Marion ! Raphaël nous a dit le plus grand bien de toi !
Ouais, il paraît que t'es une bonne ?

C'était assez excitant... Mais il fallait partir dans les 48 heures !
Un jour, tu feras partie de l'élite !
Mais je peux pas partir comme ça, j'ai un appartement en location, des dispositions à prendre...
Tu peux régler ça en 2 jours.
Tu sais très bien que chez nous, quand on décide quelque chose, on le fait.
Après tout, qu'est-ce que j'avais à perdre ?
O.K. ! Si je trouve un sous-locataire, je pars !
Bravo ! Je suis sûr que tu peux le faire.
J'étais devenue la star de la soirée. Un peu plus, ils faisaient péter le champagne et sortaient les petits-fours.
C'est fort, ce que tu fais là ! Ha là là, si j'avais pas mon boulot...
La seule à ne pas partager l'allégresse générale, c'était ma copine Karine.
J'espère que tu le regretteras pas... Moi, je l'aurais pas fait.
Et c'est toi qui me dis ça ?
HOTEL
41

Était-ce un signe du destin ? J'ai tout de suite trouvé un sous-locataire.
Tu vas te fermer, saleté !
DING DONG !
Entre, J.-P... Tu tombes bien.
Bon sang, tu emportes tout ça au Danemark ?
Mais non, idiot ! Je fais de la place pour tes affaires...
Aide-moi à descendre cette malle à la cave.
Avant de prendre le train, je suis allée dire au revoir à ma mère.
Quand je lui ai dit où je partais, la pauvre est devenue blême.
Mais elle n'a pas cherché à discuter, elle savait bien que cela n'aurait servi à rien.
T'inquiète pas, maman, je suis très heureuse d'aller là-bas.
Si tu le dis... En tout cas, prends cet argent, t'en auras peut-être besoin.

Prends bien soin de toi, ma petite fille... Et n'oublie pas que je t'aime.
Avais-je raison ou tort de partir là-bas? Je ne me posais pas la question, c'était la suite logique de mon engagement initial. J'étais heureuse de tout laisser derrière moi et de changer de vie.
Rien ne pouvait m'arriver. Sur mon petit nuage mystique, je flottais dans un état second. Zen.
2
Je suis arrivée à Copenhague dans la soirée.
ANKOMST
T
Hello! I come from Paris. My name is Marion Latour.
BARB
Oh yes, Marion! On va s'occuper de toi...

Bienvenue parmi nous, Marion ! Le voyage s'est bien passé ?
Tiens, des Français !
On a préparé ton contrat. Tu n'as plus qu'à le signer.
Pour le prochain milliard d'années, je me suis engagée à favoriser la mise en place de l'éthique sur cette planète et dans l'univers. J'ai promis d'obéir à la discipline et à la morale du groupe.
Bravo, Marion ! Maintenant tu fais vraiment partie des nôtres.
T'as peut-être faim ?
Ici, on parle tous anglais. Sauf entre compatriotes, évidemment.
Ça va, j'me débrouille.
Demain, réveil à 6 heures. Après le petit-déjeuner, tu recevras les instructions pour la journée.

Hello, everybody !
Bonsoir ! T'es française, toi aussi ? Moi, c'est Betty.
Enchantée, Marion !
Je te présente Judith, elle est australienne.
How ya doing ?
Birgit vient de Francfort.
Hallo !
Jolanda et Liesbeth sont hollandaises.
Hoe gaat het ?
Tu veux un coup de main pour le plumard ?
C'est pas de refus ! J'suis un peu naze.
Dire que ce matin j'étais encore à Paris !

Riiiing !
Mince, déjà ?!?
PSSSChhhhhhh
Grrmmml...
On se partage à tour de rôle la préparation du p'tit-déj' et le service.
Tu t'occupes des œufs ?
Shrrrrl...
Très bien, Marion ! Maintenant allons déjeuner.
On mange tout le temps dans cette cave ?
Il y a une belle salle à manger au 2e étage... mais elle est réservée aux chefs !

Nous, on a le statut le plus bas, “laveur de pont”.
Ah, voilà le programme de la journée !
Hello!
Un membre de l’encadrement nous a donné, en anglais et en français, notre emploi du temps pour la journée. C’était plutôt chargé.
Tout d’abord, on devait courir 1 ou 2 km, pour aller dans un autre quartier retaper un de leurs immeubles.
Fast, fast !
Fast !
Toi, la nouvelle, tu vas raboter ce plancher. Kevin va te montrer comment faire.

Tu fais comme ça...
CRRR
CRRR
Fastoche !
Il n'y a pas assez de gants pour tout le monde. Tu peux te protéger avec un chiffon.
Ça marche !
Au moins, j'aurai appris qu'on peut très bien raboter un vieux plancher avec un morceau de vitre cassée !
CRRR
CRRR
CRRR
O.K., everybody ! Allons déjeuner !
Hé, toi ! Ne reste pas à la traîne...
La bouffe est toujours aussi dégueulasse ?
Vous autres, les Français, vous accordez trop d'importance à la nourriture.

On repartait ensuite vers un autre quartier...
Fast! Fast!
...pour étudier la Scientologie jusqu'à 7 heures du soir.
Si vous ne comprenez pas un mot ou une expression, n'hésitez pas à me demander...
... ou à consulter les glossaires de vos livres.
C'est quoi, un glossaire ?
HA, HA, HA !
Allez, plus vite ! Ça traîne, là !
J'ai mis du temps à comprendre que cet entraînement servait surtout à nous affaiblir physiquement et à nous empêcher de penser. Même quand on ne courait pas d'un endroit à un autre, on était toujours dans l'urgence, sans une minute à soi pour réfléchir.

Ce soir-là, je suis tombée par hasard sur 2 cadres que j'avais croisés dans le centre parisien.
TIENS !? Bonjour, Marion...
Dis donc, ça fait super-plaisir de te revoir !
Tu sais qu'on est fiers de recevoir une bonne recrue comme toi !
Je suis sûre que tu vas vite monter les niveaux.
À bientôt, Marion... On compte sur toi pour montrer l'exemple, hein !?
Mine de rien, cette petite rencontre m'a gonflée à bloc.
N'y pense même pas une seconde ! Tu crois peut-être qu'on est ici pour draguer ?
Bien sûr que non, mais avoue que ce grand Viking est troublant, non ?
Pff ! Pour ce qu'on en a à faire !

J'ai vite oublié mon beau Viking.
Après le dîner, on repartait en cours.
Allez, on ne traîne pas !
On bossait encore pendant 2 ou 3 heures...
...pour rentrer se coucher autour de minuit.
Fast !
Ça va, tu tiens le coup ? Moi, je suis complètement cassée !
Oui, je tenais le coup. Et mieux que Betty ne pouvait se l'imaginer. Certes, l'organisation du centre m'avait d'abord surprise par sa rigueur, mais cela n'avait entamé ni mon énergie ni mon moral.
Je trouvais ça normal de travailler pour m'améliorer, de commencer au niveau le plus bas pour apprendre l'humilité. Rien ne pouvait me faire douter de ma progression dans les arcanes de la Scientologie.

Je ne me croyais pas obligée de bondir la première hors du lit pour me prouver quoi que ce soit, mais comme d'habitude, quand j'entreprenais quelque chose, je me donnais à fond.
Riiiing !
Allez, debout là-dedans !
Mais qu'est-ce qui se passe, aujourd'hui ? Fast ! Fast !
Si d'autres n'arrivaient pas à suivre, c'était leur problème. Peut-être même m'appuyais-je sur leur faiblesse pour me sentir plus forte.
J'en peux plus !
Si tu ne fais pas d'efforts, tu progresseras jamais !
L'entraînement quasi militaire qu'on nous imposait ne me gênait pas vraiment, car je suis d'un tempérament assez tonique.
Je n'avais pas non plus l'impression d'être exploitée. Il me semblait équitable de travailler en contrepartie de l'enseignement que je recevais.
Chriiic, Chriiiic !
Pour communiquer avec tout le monde, mon anglais me revenait facilement.
May I call my mother?
Of course ! T'as un poste dans le hall.
Bien sûr, je relevais quelques fausses notes dans cette belle orchestration...
Évidemment, ça marche pas !
Clac !

Ça ne m'étonne pas, ici le téléphone ne marche presque jamais !
Tu sais si on peut trouver des journaux français ?
Pour quoi faire ? De toute façon, c'est interdit, les journaux...
Les bouquins aussi, d'ailleurs.
Alors si ça se trouve, Tonton n'est plus président, et on n'est même pas au courant !
Ha, ha, ha !
Le soir, un instructeur venait faire avec nous "l'état de la journée": comment nous nous étions comportés, est-ce que nous avions des questions à poser, etc.
Judith... Nous savons tous ici que c'est plus difficile pour toi...
... comme nous savons tous aussi que tu es capable de le faire.
Alors demain, on compte tous sur toi pour ne pas nous décevoir, hein ?!
53
Pas de questions ?
Pour les questions, on faisait vachement gaffe à ce qu'on disait, on n'avait pas envie que ça nous retombe un jour dessus.

À la fin de la semaine, on recevait notre paye...
Your name ?
Marion Latour.
... l'équivalent de 3 euros.
Au suivant !
De quoi se payer une lessive...
... à la laverie du coin...
... et quelques cigarettes, qu'on achetait à l'unité.

De temps en temps, j'étais réquisitionnée pour une corvée de cuisine, ou de ménage...
Ou bien je servais les gradés à l'étage, dans la jolie salle à manger.
Le soir, je m'écroulais tout de suite, bien trop épuisée pour réfléchir à ma situation.
!?!

C'est toi, Betty ?
Je me doutais que c'était elle car au bout de quelques semaines nous étions devenues de bonnes copines.
Oui, c'est moi... Ça t'embête pas si on dort comme ça, cette nuit ?
Je me sens si seule... J'ai peur de craquer.
Chuuut... allez, dors.
Riiiiinngg !!
La délation, méthode efficace d'autosurveillance du groupe, m'empêchait d'apporter le moindre réconfort à Betty en public.
Ce n'est que plus tard dans la journée, en partageant un magnétophone pour un cours en français, que nous avons pu échanger quelques confidences.
Ça va mieux ?
Oui-oui... Mais j'ai peur qu'on nous ait vues !

Ce qu'ils appelaient le "mest" – en fait, des corvées – était leur façon de (ré)éduquer les adeptes par le travail physique. Et même si une bonne séance de ménage peut me vider utilement la tête, voire m'apporter un peu de bien-être, je trouvais plutôt rudes ces méthodes dignes de certains régimes totalitaires.

Il fut désormais bien clair pour moi qu'il ne devait exister aucun rapport affectif entre nous. Même pas embrasser une copine ou la toucher. Ce n'était pas toujours évident, mais je m'en suis accommodée.
Personne ne traîne... Fast !
En quelques mois, j'ai raboté et verni tous les planchers de l'immeuble. J'en retirais une certaine satisfaction, car j'ai toujours eu le goût du travail bien fait.
NO, NO AND NO !
Mais qu'est-ce qui se passe ?!.
Non, personne nous obligera à monter là-dessus !
On va se casser la gueule, ouais !
Laissez, je vais le faire.

Je n'aurais pas grimpé tous les matins sur ce machin, mais ça me semblait jouable...
Reviens, Marion ! Risque pas ta vie pour ça !
Il s'agissait de débloquer une fenêtre en donnant quelques coups de marteau bien placés sur le châssis.
Poc ! Poc !
C'est bon !
HURRAH ! BRAVO, MARION !
Avec un petit frisson rétroactif, je comprends mieux l'état second dans lequel je me trouvais – abrutie par le rythme d'enfer et le manque de sommeil – pour accomplir des actes auxquels rien ni personne ne pourrait me contraindre aujourd'hui.
59

Le temps passait sans que s'altère ma volonté de progresser...
Bravo, Marion, il paraît que tu travailles dur !
On nous a raconté ta performance de l'autre jour. Ç'est bien, ça...
D'ailleurs, tu devrais bientôt être récompensée de tes efforts.
Effectivement, j'ai passé quelques niveaux. Je suivais davantage de cours et on me donnait moins de corvées. J'ai obtenu le grade de missionnaire.
Bravo, Marion !
Ça faisait maintenant 5 mois que j'étais arrivée à Copenhague et je ne voyais pas de raisons de me plaindre. Je ne dirais pas exactement que j'étais heureuse, mais j'étais toujours motivée.
Fast !

Hey, baby, réveille-toi ! On arrive à Hambourg.
Je t'accompagne au train de Paris.
J'avais maintenant assez d'argent pour me payer le billet pour Paris, et aucune raison de ne pas finir tranquillement ce voyage.
Nach Paris, bitte.
Du fond du cœur, merci pour votre aide, votre chaleur, votre générosité...
J'aurais bien accompagné le baby jusqu'à Paris, mais mes amis m'attendent...
PARI
Je n'ai même pas pensé à lui demander son nom, mais je lui dois une fière chandelle, car je ne sais pas trop comment je m'en serais tirée sans lui.
Dire qu'il y a à peine 1 mois, je descendais en mission à Paris, peut-être dans ce même train !

On avait constaté du laisser-aller chez le personnel parisien, et on m'envoyait en mission pour faire un rapport sur les responsables de l'encadrement.
Attention, les Parisiens! La missionnaire de choc arrive...
Si on me laissait retourner dans ma ville, c'est qu'on était convaincu que j'étais capable de "confronter", c'est-à-dire de ne pas être déstabilisée par le scepticisme de ma famille ou de mes amis.
Ma chérie, tu es revenue!?!
Je suis à Paris pour 2 jours...
Pas la peine de me poser de questions, tout va bien!
Ma chère petite maman... Comme j'ai dû te paraître froide et insensible!
Comment ça se fait que tu n'aies jamais reçu ni mes lettres ni mes colis?
Tu aurais au moins pu me passer un coup de fil!

Personne ne me connaissait dans cette antenne du 5e arrondissement. Mais j'ai vu dans leurs yeux la crainte provoquée par mon uniforme.
Bonjour, j'arrive de Copenhague ! Le responsable est là ?
Ce n'était pas la chaleur qui faisait transpirer ce type... Et moi, je m'efforçais de gérer ce pouvoir tout neuf, pour ne pas en abuser malgré moi.
Comment ça, que je justifie pourquoi on a moins d'adeptes en ce moment !?
Il me faut aussi une copie de tes documents comptables pour les 6 derniers mois...
Et si je refuse ?
Tu seras renvoyé à Copenhague pour une "remise en ligne".
Bon... je reviens.
20 minutes plus tard, il était de retour avec les photocopies demandées.
Mais qu'est-ce qu'on s'imagine, à Copenhague ? Que je suis une machine à produire du rendement ?
C'est pas très dans l'éthique, cette réflexion... Si t'es vraiment motivé, tu dois y arriver.
Je repasserai demain après avoir étudié tout ça.

Je suis retournée dormir chez moi.
12
dzziii!
Marion!?!
Salut, J.-P. ! Tu peux m'héberger pour la nuit ?
Mais bien sûr !
Comment tu vas, depuis tout ce temps ?
J'ai une patate d'enfer !
Mais regarde l'allure que t'as, toi qui étais si coquette !
Mon regard lui faisait peur ! Il me l'a avoué plus tard.
L'apparence n'a d'importance que celle qu'on veut bien lui accorder.
Quand même, t'as drôlement changé... T'as pas un peu grossi ?
En fait, je n'avais pas vraiment pris de poids, mais – était-ce la mauvaise nourriture ou les joggings incessants ? – mes jambes et mes chevilles avaient sérieusement gonflé.
Tu sais, je n'ai rien à te reprocher. Tu fais comme tu veux, même si je ne suis pas de ton avis. L'essentiel, c'est de te revoir, de te retrouver... Ça me fait vraiment plaisir !
L'empathique chaleur de mon ami J.-P. m'est allée droit au cœur. Ça faisait bien longtemps que j'étais privée d'affection et de tendresse.

Après être repassée à l'antenne du 5e, je suis rentrée à Copenhague…
Dommage que je n'aie pas eu l'occasion de voir Karine.
… où j'ai rendu mon rapport le lendemain.
Pour moi, il y a 2 personnes qui ne font pas leur boulot…
Malgré le succès de ma mission à Paris, j'ai repris le travail presque comme avant.
Ça traîne derrière!
Toi, Marion, tu vas faire les planchers du 6e étage.
L'espace de liberté retrouvé à Paris avait-il enclenché quelque chose? Était-ce l'impression de ne plus progresser ou un début de déprime? Je ne sais plus exactement comment c'est arrivé, mais au bout de 6 mois passés à Copenhague, j'ai commencé à douter…
Fait chier…

Progressivement, par petites touches, certaines choses toutes simples devinrent moins évidentes à accomplir. Comme me lever le matin.
Alors, Marion, tu rêves ?
Fast !
J'ai d'abord cru que ce n'était qu'un coup de fatigue passager, qu'il fallait que je prenne sur moi et qu'avec quelques efforts tout rentrerait dans l'ordre.
Mais ça n'a fait qu'empirer. Je n'avais pas envie de me confier pour demander de l'aide, on m'aurait abrutie de corvées pour me "remettre en ligne". Et je ne pensais pas que j'allais recouvrer mon énergie de cette façon.
??!
Poc!
Un incident mineur pouvait prendre l'allure d'une catastrophe ; j'étais bel et bien en train de m'enfoncer dans la déprime.

Impuissante, je voyais fondre mon énergie et mon moral en même temps que ma croyance en un monde meilleur grâce à la Scientologie.
C'était où, la vraie vie?
Bien entendu, je ne pouvais pas discuter de mon problème avec ma copine Betty. Je devais même tout lui cacher.
Oh, Marion! Reste avec nous.
Excuse-moi, je pensais à autre chose.
Je me demandais à quoi bon tout ça... mais sans arriver à déterminer si ma démotivation n'était que passagère ou si je prenais conscience de m'être complètement fourvoyée.
?
Mais qu'est-ce que je fous ici?
Par moments, le doute était si fort que j'ai caressé l'idée de me glisser dehors en douce pour retourner en France. Il n'était cependant pas question de m'enfuir sans avoir auparavant mis de l'ordre dans mon rapport à la Scientologie.
Au bout d'une semaine, l'un des instructeurs s'est rendu compte que quelque chose n'allait pas.
Dis-moi, Marion, y a un problème?

J'en peux plus. Je veux rentrer chez moi.
Bon, on va voir ça...
On m'a appelée juste après le dîner. Ils ont d'abord cherché à évaluer les dégâts. L'ambiance était plutôt bon enfant.
Alors, Marion? Qu'est-ce qui t'arrive? Un p'tit coup de mou?
T'inquiète pas, c'est sans doute pas grand-chose...
Dis-nous ce qui va pas...
J'en ai assez. J'crois que je suis pas faite pour ça.
Bon... tu vas faire du "mest" quelques jours, pour évacuer tes pensées négatives.
J'crois pas que ça sera suffisant pour me donner envie de rester...
Tu veux dire que tu n'es pas sûre de vouloir partir?
Mais si...
Je te propose d'éclaircir ça avec l'électromètre.
Bonne idée! Ça va t'aider à voir plus clair en toi-même.
68

Quelqu'un t'a parlé, dans le groupe?
Non...
Il n'y avait pas d'autre ver dans le fruit, ils pouvaient se rassurer de ce côté-là.
Ici, le téléphone est souvent en panne...
T'as téléphoné de l'extérieur?
Non...
Je n'avais pas non plus été influencée par ma famille ou des amis.
Ils continuaient de me sonder avec l'électromètre, traquant le doute ou la culpabilité, cherchant une faille dans laquelle se glisser pour semer le trouble dans mon esprit.
Tu sais que t'as fait du bon boulot, à Paris!
Ton avenir est assuré, avec nous... Tu vas pas foutre tout ça en l'air maintenant, hein?
Ça m'intéresse plus...
Mais qu'est-ce que tu vas devenir, si tu nous quittes?
Je vais reprendre mon ancien métier.
C'est un métier, ça, la pub?
L'électromètre ne réagissait toujours pas et ça commençait à les énerver. Et moi, je n'avais qu'une envie, c'était de partir d'ici. Mais est-ce que je n'allais pas le regretter ensuite?
!?

Alors, Marion, il paraît que tu n'es plus heureuse avec nous ?
T'étais au chômedu quand t'es venue ici... Tu crois pas que tu devrais réfléchir avant de prendre une décision aussi grave ?
Ça fait des semaines que j'y pense...
Ils m'abrutissaient de questions. Ils essayaient de me culpabiliser. J'avais envie que tout cela cesse et qu'on me laisse dormir.
Tu sais que tu vas replonger dans la drogue...
Peut-être te retrouver à la rue...
Qu'est-ce que tu serais sans nous ? Est-ce qu'au moins tu y as pensé ?
Je sais pas...
T'as pas peur de le regretter un jour ?
Je sais pas...
Je sais pas, je sais pas... Mais bon sang, tu sais dire que ça !
J'étais comme une prisonnière cuisinée par l'ennemi. On essayait de me mettre en état de choc. On voulait me pousser à bout, que je m'effondre en pleurs en me repentant de mes faiblesses. Mais grâce aux techniques de résistance – façon G.I.'s – qu'on m'avait si bien apprises, je ne me laissais pas déstabiliser.

Je me sentais maintenant assez forte pour leur tenir tête toute la nuit. Sans manger ni dormir, s'il le fallait. Et à moins de me soumettre à la torture, ils n'étaient pas près de me faire craquer.
Quand ils ont compris que je retournais leurs méthodes contre eux, ils ont commencé à douter.
Et au bout de 5 heures d'interrogatoire, ce sont eux qui ont fini par céder. J'avais gagné, mais j'osais à peine le croire !
C'est bon... Va chercher tes affaires et va-t'en !
T'es finie, Marion !
T'allumes pas dans le dortoir. Tu réveilles personne. Tu parles à personne !
Comme une zombie, je suis partie dans la nuit en direction de la gare. J'étais contente d'avoir fait le plus dur, mais je ne savais pas encore que je paierais plus tard les conséquences d'un départ si brutal.

Le lendemain en début d'après-midi, j'arrivais donc à Paris.
Tiens, mon classeur et mes cours !?! Je les avais complètement oubliés, ceux-là...
RATP
Ma petite fille !
Maman !
Salut, J.-P., j'ai quitté les zombies ! Je voudrais récupérer mon appart'...
Il te faut combien de temps pour te retourner ?
Quelques jours plus tard, je réintégrais mon appartement.
Quel bonheur d'être de retour dans la vraie vie... J'avais presque oublié comment c'était !
... Oui, je vais bien ! Mais Karine, il faut que je te dise...
Oui, eh bien, moi aussi ! Figure-toi que j'ai tout laissé tomber et que maintenant je fais autre chose...
Quoi !?!

Oui, moi aussi, je les ai quittés.
C'est en partie ton départ à Copenhague qui m'a ouvert les yeux.
Je milite maintenant dans une association qui vient en aide aux victimes des sectes. Pour essayer de sortir les gens de la Sciento...
Dis-moi... t'es libre à déjeuner ?
Alors, Karine, on dirait que tu ne peux pas t'empêcher de t'engager. D'un côté ou de l'autre...
Bar
Je me suis rendu compte que ces gens étaient vraiment dangereux... D'ailleurs, ils ont déjà commencé à me harceler au téléphone.
Eh oui... En tant qu'ex-cadre, je suis au courant de certains secrets qu'ils n'ont pas envie que je divulgue. Je suis sur la liste des "suppressifs" les plus graves...
du r
Ils essayent aussi de me faire chanter avec ce que je leur ai confié dans une audition. Des conneries...
Fais gaffe, toi non plus, ils ne vont pas te lâcher comme ça !
Le soir même, effectivement...
Ici n'est pas un bar.
Driiing!
?!

Bonsoir, Marion ! Je fais partie de l'Église de Scien...
Fichez-moi la paix, ça m'intéresse plus !
On voudrait juste savoir pourquoi vous avez quitté Copenhague...
Je viens de vous le dire, ça m'intéresse plus !
Nos responsables voudraient comprendre... Venez leur parler, c'est peut-être un malentendu...
Je ne veux plus rien avoir à faire avec vous... Alors laissez-moi tranquille, O.K. ?
Enfoirés !
clac !
Quelques jours plus tard...
FM
Radio
Tu ne vas pas arriver en retard à ta première émission de radio, quand même !
C'est en direct ?
Non... Mais c'est pas une raison.
Du fait de son activité militante, et en tant qu'ancien cadre d'une secte, Karine était sollicitée par la presse. Revenant juste du centre de Copenhague, j'ai également été interviewée par plusieurs stations de radio.
Racontez-nous comment tout ça a commencé...

C'était pas trop pénible de raconter ton histoire ?
Radio
Assez, oui... En plus j'ai très mal dormi, je n'ai pas arrêté de penser à ce que j'allais dire.
Serais-tu quand même partante pour une autre interview ? J'ai rendez-vous demain avec une journaliste...
Elle serait très intéressée par ton expérience à Copenhague.
121
Vous travaillez pour quel journal ?
Je prépare un livre sur les sectes pour les Éditions Alban Daniel.
L'interview a duré longtemps. La journaliste était passionnée par mon aventure danoise.
... Et ça, ce sont les cours qu'on nous donnait.
En voilà de la matière pour mon livre ! Je peux vous emprunter ces documents pour 1 semaine ou 2 ?
Mais bien sûr !

J'ai commencé à recevoir des menaces de la secte – pendant plusieurs mois, on a ainsi essayé de me déstabiliser.
Driiing !
Encore vous ? Mais laissez-moi tranquille, à la fin !
Vous n'voulez toujours pas nous écouter? Vous allez bientôt le regretter !
Va te faire soigner, pauvre taré !
Mon départ brutal de la secte et le harcèlement que j'ai ensuite subi...
... m'ont fait passer des moments difficiles.
Et je garde encore le souvenir douloureux de mes dérives nocturnes sur un fleuve sombre et profond qui n'en finissait pas de m'engloutir.

Trois semaines après avoir prêté mon classeur et mes cours à cette journaliste, je me suis inquiétée de ne pas avoir de ses nouvelles.
... n'est pas attribué, nous sommes désolés de ne pouvoir donner suite à votre appel... Le numéro que vous avez demandé...
C'est quoi, ce plan ?
Non, désolés ! Nous n'avons jamais commandité d'ouvrage de ce genre...
D'ailleurs, nous ne connaissons pas cette personne.
Avec Karine et d'anciens membres de la secte, nous nous sommes regroupés pour nous payer les services d'un avocat. Il nous a conseillé de déposer une plainte au Quai des Orfèvres.
POLICE
Motif de la plainte ?
Escroquerie.
C'était le seul motif recevable car je n'avais pas de preuves de ce que j'avais subi à Copenhague : j'y étais allée de mon plein gré, sans avoir conscience de la manipulation dont j'étais l'objet...
Je n'avais pas fait de dépression et on ne m'avait ni torturée physiquement ni empêchée de partir.
Vous avez des preuves ?
Voici des reçus pour une bonne part de l'argent que j'ai dépensé quand j'étais à l'antenne du 17e.

Signez là, s'il vous plaît.
Que va-t-il se passer après ?
Je vais transmettre votre plainte au parquet... Le procureur de la République décidera, après enquête, de la suite à donner à cette affaire.
Ils auront du mal à éviter le tribunal, vous êtes ma huitième plainte de la semaine !
En fait, cette plainte n'aboutira jamais.
Pendant plusieurs années (jusqu'à la fin des années 80), il n'y aura quasiment aucune procédure, aucune décision de justice contre la secte. Pour quelles raisons ? Je me le demande encore...
La secte maintenait sa pression.
Alors, Marion, t'as été te plaindre aux flics ?
Mais comment vous savez ça ?
Peu importe, Marion... On sait tout !
Ils n'ont pas de complices à la P.J., quand même ?
Avec eux, tout est possible... Mais je pense plutôt qu'ils t'ont suivie.
Non... Tu crois ?

D'ailleurs, en ce moment, j'ai l'impression qu'un type nous surveille.
QUOI ?!?
Te retourne pas... On va s'en débarrasser !
Tiens-toi prête à courir dès qu'on aura tourné au coin de la rue.
ON FONCE !
Banque
Ça fait plusieurs jours qu'on me suit. Des fois, ils sont vraiment pas discrets.
Karine avait été se plaindre à la police qui n'avait pas donné suite à sa déclaration. Pas facile de prouver qu'on est suivie.

Dix ans plus tard, j'avais monté un studio de création avec un ancien collègue, et j'étais amoureuse de Rémi, chez qui je vivais.
Après une longue enquête...
...le rapport de la police judiciaire est sans équivoque...
... l'Église de Scientologie doit être envoyée devant un tribunal correctionnel pour extorsion de fonds et exercice illégal de la médecine.
Yes !
Alors pourquoi la juge d'instruction a-t-elle préféré garder le dossier en attente ?
Oh nooon !
Il avait fallu 6 ans pour qu'une enquête sérieuse démarre, 3 ans pour la mener, et maintenant le dossier semblait enterré.
Driiing !
Oui, c'est moi...
Mais qui êtes-vous ?
C'étaient eux, bien sûr. Ils étaient prêts à me dédommager si je retirais ma plainte.
Heu... Faut que je réfléchisse... Donnez-moi un numéro où je peux vous rappeler.

On dirait que t'as vu le diable ! C'était qui ?
Un type de la secte. Mais comment ils ont su que j'habitais chez toi ?
À part la sécu, la banque et mon associé, personne ne connaissait ma nouvelle adresse.
Même les flics m'avaient cherchée en vain lorsqu'ils avaient retrouvé la voiture qu'on m'avait volée.
Ils me proposent du blé pour retirer ma plainte! Qu'est-ce que je fais?
Évidemment, ils veulent profiter du répit que la juge leur a accordé pour désamorcer l'enquête de police... À ta place, j'essaierais de récupérer un max!
Ça m'arrachait le cœur de retirer ma plainte, mais d'un autre côté les affaires ne marchaient pas fort et j'avais besoin de fric. J'ai rappelé. Ils m'ont donné rendez-vous dans un bar.
On a négocié ferme. Ils avançaient une somme, j'en donnais une autre, et ainsi de suite. Au bout de trois heures, on est tombés d'accord pour 70 000 francs (10 670 euros), ce qui correspondait à peu près à ce que j'avais dépensé chez eux.
Bar du Rond Point
70000
Ils m'ont ensuite laissée tranquille. Pendant des années, je ne me suis plus occupée de la secte ; je ne voulais même pas en entendre parler.

Et pourtant j'en parle encore, 10 ans après avoir retiré ma plainte... mais c'est parce que vous me l'avez demandé.
Ça me fout la honte de raconter cette histoire... Qu'est-ce que j'ai pu être naïve !
J'espère au moins que ça servira à d'autres. Qu'ils ne tomberont pas dans le même piège...
Tu as eu des séquelles pendant longtemps ?
Oui, bien sûr... Ce n'est pas parce que je suis sortie de la secte, que la secte est sortie de moi... Ce n'était pas juste une aventure qui se termine bien...
Bien après avoir rompu avec la secte, je me surprenais encore à utiliser le vocabulaire de la Sciento ! Comme si je continuais à penser et agir en fonction des critères qu'on m'avait inculqués.
Et encore, je n'y suis restée qu'un an ! Mais il m'a fallu beaucoup de temps pour me désintoxiquer, me réadapter au monde extérieur que la secte m'avait appris à noircir, à craindre, à mépriser.
Heureusement, j'ai retrouvé ma mère, une amie, mon appart' et du boulot assez rapidement... Ça m'a beaucoup aidée.

Et maintenant, comment ça va ?
Bien, merci... J'ai eu beaucoup plus de chance que d'autres qui n'ont jamais pu prendre conscience de leur enferme-ment... ou qui ont perdu leur vie dans cette prison mentale.
Et que sont devenus Karine et Raphaël ?
Karine ? Elle travaille dans le tourisme... On est restées copines. Quant à ce pauvre Raphaël, il est mort brutale-ment d'une crise cardiaque... Requiescat in pace !
On arrête là ?
Ouais...

FIN

CLIC!

SAVOIR **RECONNAÎTRE** ET SE **PROTÉGER** DES **DÉRIVES SECTAIRES**

Un livret conçu par Patrice Guillon, en partenariat avec l'UNADFI et l'ADFI Normandie

Unadfi

Union Nationale des Associations de Défense des Familles et de l'Individu victimes de sectes

Contact : www.unadfi.org/nous-ecrire/

Adfi Normandie

Contact : adfinormandie@gmail.com

"[La dérive sectaire] se caractérise par la mise en œuvre, par un groupe organisé ou par un individu isolé, quelle que soit sa nature ou son activité, de pressions ou de techniques ayant pour but de créer, de maintenir ou d'exploiter chez une personne un état de sujétion psychologique ou physique, la privant d'une partie de son libre arbitre, avec des conséquences dommageables pour cette personne, son entourage ou pour la société."

Mission interministérielle de lutte et de vigilance contre les dérives sectaires (MIVILUDES).

QUE PROMETTENT LES SECTES ?

(et qu'en est-il réellement)

- **Une vie meilleure**
  « Nous dormions 5 heures par nuit, à même le plancher, entassés jusqu'à parfois 20 dans une pièce de 30 m^2. »
  (Anonyme, adepte de ses 17 à 27 ans.)

- **L'amour**
  « Souvent, les mariages sont organisés par le gourou. Les futurs époux ne se connaissent pas, ils ne parlent pas la même langue. »
  (Anonyme, ex-adepte.)

- **La réussite économique et sociale**
  « J'ai travaillé des centaines d'heures sans rien gagner. Mais je leur ai laissé 3 600 euros. »
  (Michel, 18 ans.)

- **Une nouvelle liberté**
  « Peu de sorties, pas de contact avec l'extérieur, interdiction de parler à ceux qui n'appartiennent pas au groupe, punitions, coups, séquestrations. »
  (Dana, 17 ans.)

- **De « vrais amis »**
  « Chacun est obligé d'épier son voisin et ne doit rien cacher à son formateur. »
  (Yassenko, ex-adepte.)

- **La guérison**
  « Elle avait une tumeur à la main, elle a cessé son traitement selon les conseils de la secte : elle a été amputée et elle est morte deux mois après. »
  (Anonyme, ex-adepte.)

- **La solution à tous les problèmes**
  « Ce n'est qu'après une grave dépression et deux tentatives de suicide qu'elle décide de quitter la secte. »
  (Anonyme, ex-adepte.)

▶ L'APPROCHE

En réalité, le futur adepte **ne peut pas juger par lui-même** dans quoi il va s'engager : il est leurré par le discours séduisant et trompeur que lui présente l'adepte recruteur, dont toute l'habileté consiste à mettre les gens en confiance pour faire tomber leurs défenses.

Le contact par un proche est l'une des techniques courantes d'approche utilisées par les sectes. Il y en a beaucoup d'autres. Les sectes racolent également :

- Dans la **rue** ou au **porte à porte** (distributions de tracts, de tests de personnalité, ventes d'objets).
- Dans les **activités de loisirs, culturelles** (théâtre, conférences, concerts) ou **sportives**, notamment les **arts martiaux**.
- Dans les activités de **bien-être** (médecine douce, yoga, relaxation), et les **psychothérapies**, la **philosophie**, les **religions**.
- Dans les activités **parascolaires** (cours de rattrapage, séjours linguistiques).
- Dans les actions et les activités **caritatives** : l'humanitaire, l'écologie, la lutte contre la toxicomanie, etc.
- Et via le **net** : sites, blogs, newsletters, réseaux sociaux, etc.

- Se renseigner sur le groupe et ses participants, s'informer auprès de personnes extérieures au groupe, éventuellement auprès d'une association spécialiste du phénomène sectaire.
- Analyser attentivement les arguments du groupe, ses objectifs, ses promesses.
- Se méfier si les dirigeants du groupe demandent de garder le secret sur les activités pratiquées.

Effectivement, ces gens ont été très sympas, au début. Marion a été comme « bombardée d'amour », elle a pensé qu'elle ne serait plus jamais seule. Mais cela n'a pas duré longtemps.

PREMIER CONTACT AVEC LA SECTE

Ils étaient du genre cool et sympa et ça me faisait beaucoup de bien de me sentir intéressante à leurs yeux. Comme d'autres jeunes venus assister à la conférence, je me suis dit que ça pouvait m'apprendre des trucs de faire un test de connaissance de soi-même.

Sous son apparence scientifique, le test flatte le narcissisme du client potentiel et abaisse sa vigilance. Il permet aussi et surtout à la secte de **recueillir sur lui des informations qui pourront être utilisées ultérieurement** comme moyen de pression ou de chantage.

Agir vite est essentiel. L'analyse des caractéristiques du groupe vous permettra de faire le bon diagnostic et de vous éloigner au plus vite :

- **Des rabatteurs de sectes.**
- **De votre propre curiosité, parfois : les plus savants sont aussi vulnérables que les autres et à tout âge. Extra-terrestres aussi bien que réincarnation, tout centre d'intérêt peut être utilisé pour recruter.**

« Vous avez un gros handicap », cette pseudo analyse et les solutions proposées (les mêmes pour tout le monde) amorcent en douceur ce qui deviendra, plus tard, un **processus de destruction de la personnalité.** Le test permet également de détecter les fragilités des adeptes potentiels : deuil, chômage ou échec scolaire, difficultés professionnelles ou ruptures sentimentales.

▶ Des recettes brillantes, des secrets dévoilés, des explications simplistes.

▶ Des gens qui culpabilisent à outrance : tout est catastrophe.

▶ Des invitations imprécises, bizarres : qui dirige ? où ? en liaison avec quoi ? quels moyens de communication ? peut-on quitter à tout moment ?

▶ En cas de doute, ne pas hésiter à contacter la MIVILUDES : miviludes@interieur.gouv.fr, www.derives-sectes.gouv.fr ou en scannant ce QR code ci contre.

Les sectes destructrices veulent des gens instruits, sains de corps, intelligents, curieux... jusqu'à un certain point, idéalistes mais surtout **à l'aise économiquement.**

L'EMBRIGADEMENT

« Se transformer pour transformer le monde » ça me plaisait bien, cette idée ! Je me disais qu'en bossant sérieusement sur moi-même je pouvais m'améliorer pour devenir plus heureuse. Évidemment, j'ai pas du tout capté que tout ça, c'était le début d'un embrigadement en douceur...

Jogging quotidien, sauna, travail manuel, pseudo analyse de soi... prise isolément, chacune de ces pratiques que la secte met en oeuvre sous prétexte d'une **« purification »** physique et psychologique peut sembler anodine et même bénéfique. Pourtant, leur cumul n'a d'autre but que d'amener progressivement l'adepte à un état d'épuisement et d'isolement, favorisant un formatage psychologique.

À ce rythme, trois mois plus tard j'avais perdu mon job. La secte m'a alors proposé de m'impliquer d'avantage en allant vivre avec eux. En échange de cours de perfectionnement, j'ai bossé pour des clopinettes à retaper leurs immeubles délabrés. Tous les soirs je m'écroulais dans mon pieu complètement rincée.

Le **vocabulaire codé** est une des techniques de conditionnement utilisées par la secte. Les mots déviés de leur sens constituent des signes de reconnaissance et confèrent une emprise intellectuelle sur les adeptes.

Les différentes techniques de mise sous influence utilisent deux principes de base :

- Amener une personne à un comportement permettant de faire adopter un système de croyances dans le but d'altérer son jugement ou à la conduire à un acte qui lui est préjudiciable (par exemple, s'endetter pour payer une formation).
- Provoquer des changements subits et radicaux dans l'environnement, générateurs de stress et accroissant la suggestibilité, la perte de l'esprit critique et la soumission.

LA FLATTERIE.
Elle est utilisée pour inciter l'adepte à s'améliorer grâce à l'enseignement de la secte. Ainsi encouragé, l'adepte s'engage dans ce qu'on lui « vend » comme un processus d'évolution personnelle vers un épanouissement complet, mais dans le groupe et par le groupe seulement.

DES RÈGLES INTRANSIGEANTES.
Elles sont imposées par une hiérarchie stricte et incontournable. Des interdits pesants encadrent la vie au quotidien. Le sens du devoir et le sentiment de culpabilité sont largement utilisés pour écraser la personnalité.

LA COUPURE AVEC LE MILIEU D'ORIGINE.
Sous prétexte d'une « renaissance personnelle », l'adepte est isolé de sa famille et de ses amis. Peu ou pas de visites, de courrier, de téléphone, de lectures extérieures, afin d'anéantir son sens critique et d'augmenter sa dépendance à la secte.

LA PEUR.
En dehors du groupe, pas d'échappatoire à la catastrophe personnelle ou générale qui nous guette. L'adepte est incité à craindre un monde extérieur présenté comme aliénant et dangereux qu'il vaut mieux éviter autant que possible.

LA PRISE DE CONSCIENCE

En m'engageant dans la secte, j'avais perdu le contact avec tous mes amis. Sauf un.

L'ami de Marion **ne la juge pas.** Il exprime simplement son désacord, tout en adoptant une attitude ouverte et lucide. Il lui conserve son amitié, le lui dit et le lui montre.

Y avait tellement longtemps que quelqu'un me m'avait pas prise dans ses bras !
Quand je suis retournée dans l'univers déshumanisé de la secte, le contraste m'a fait un drôle de choc. J'ai flippé grave et puis je me suis mise à douter...

La délation, méthode efficace d'**autosurveillance du groupe**, empêche Marion de communiquer ses sentiments à sa copine. Par contre, elle est sensée ne rien cacher à son formateur.

LA SORTIE

J'ai réussi à quitter la secte à l'arrache, à presque reprendre la vie quotidienne d'une jeune femme ordinaire. Mais la secte n'a pas lâché l'affaire pour autant...

Sous le prétexte de comprendre pourquoi Marion a quitté le groupe, **on la harcèle et on tente de la déstabiliser**. Pour la récupérer, ou pour lui faire peur afin de l'obliger à rester discrète sur la secte et ses méthodes.

Quelque années plus tard, alors que je vivais chez un nouveau copain, ils m'ont encore retrouvée (bien que personne ne connaisse mon adresse). Ils m'ont remboursé le fric que j'avais dépensé chez eux afin que je retire une plainte pour escroquerie. Après ça, je ne voulais plus entendre parler de la secte.

Marion a eu de la chance. Elle aurait pu rester dans la secte et se satisfaire de son état de complète soumission. Elle aurait aussi pu y **dépérir et y mourir** comme Raphaël et tant d'autres à jamais anonymes, épuisés mais convaincus d'avoir atteint un état supérieur.

▶ **Ne jamais s'affoler et garder le contact.**

▶ **Même après une brève participation, les effets peuvent être nocifs et durables.**

QUE FAUT-IL FAIRE ?

▶ Se montrer positif, ouvert au dialogue, dire à l'adepte qu'il est apprécié pour lui-même, au-delà de ses convictions. ▶ Jouer sur le registre affectif plutôt que l'appel au raisonnement. ▶ Relever les contradictions évidentes, sans obliger à les justifier. ▶ Apprendre le vocabulaire du groupe. ▶ Cultiver les ouvertures réelles, les centres d'intérêt antérieurs, les souvenirs familiaux et (ou) amicaux.

QUE FAUT-IL EVITER ?

▶ Heurter de front et prononcer les mots « secte » et « gourou ». ▶ Se laisser intimider par des pressions (calomnies, menaces). ▶ Abandonner la partie sous prétexte que l'adepte est majeur. ▶ Rester seul avec son problème. ▶ Culpabiliser. ▶ Il faut aussi éviter d'envoyer de l'argent, mais plutôt des cadeaux personnels.

Ma mésaventure démontre que, sous une couverture séduisante prétextant une offre de spiritualité, de thérapie, de développement personnel ou autre proposition anodine, les sectes poursuivent des objectifs contraires aux droits fondamentaux.

LA DESTRUCTION DE LA PERSONNE

▶ Physiquement : alimentation carencée, manque de sommeil, travail excessif, traitements médicaux dangereux.

▶ Psychiquement : altération de la personnalité, du comportement et de l'esprit critique.

▶ Intellectuellement : rétrécissement du champ des connaissances extérieures à la secte, retour à l'obscurantisme.

▶ Dans le champ relationnel : régression des capacités à communiquer.

▶ Socialement : rupture avec l'environnement habituel, familial et amical, et avec la société en général.

LA DESTRUCTION DE LA FAMILLE

Rupture des liens familiaux : parents, enfants, grands parents, etc.

LA DESTRUCTION DE LA SOCIÉTE

Infiltration des réseaux de la vie sociale, économique et politique dans le but d'imposer un projet contraire à la démocratie...

Bref, les sectes relèvent d'une escroquerie intellectuelle, morale et financière !

MESURES À PRENDRE

Constituer un dossier, et, s'il s'agit d'un enfant mineur (entraîné par ses parents), il faut peut-être :
▶ Faire un signalement au Procureur de la République. ▶ Faire une démarche dans l'intérêt des familles. ▶ En cas de disparition, demander à la justice de faire une recherche dans l'intérêt des familles. ▶ Porter plainte au commissariat de votre lieu de résidence. ▶ Identifier les contacts et recours possibles sur le site de la MIVILUDES (www.derives-sectes.gouv.fr ou QR code page suivante), ou contacter l'UNADFI (01 34 00 14 58).

" N'ABANDONNEZ JAMAIS VOTRE ÉDUCATION, VOS ESPOIRS, NI VOS AMBITIONS POUR SUIVRE UN MIRAGE "

Jeannie Mills
Ex-membre du People's Temple (Guyana),
retrouvée plus tard assassinée.

GOUVERNEMENT
Liberté
Égalité
Fraternité

MIVILUDES

Mission interministérielle de vigilance et de lutte contre les dérives sectaires (MIVILUDES)
Email : miviludes@interieur.gouv.fr
Site web : www.derives-sectes.gouv.fr/

Retrouvez tous vos correspondants locaux sous ce lien :
www.derives-sectes.gouv.fr/conseils-et-principes-de-prudence/la-miviludes

Pour faciliter l'exploitation du livre dans le cadre scolaire, des fiches pédagogiques ont été conçues et rédigées sous la supervision des éditions Belin Éducation.
Ces fiches sont téléchargeables en versions collège et lycée depuis la rubrique « pédagogie » du site la-boite-a-bulles.com.